Vegan Grillen

Das Grillbuch mit veganen Rezepten und veganen Smoothies für eine gesunde Ernährung

---

2. Auflage

Inhaltsverzeichnis

Einleitung

Die Tage bis zum Sommer sind gezählt - das große Grillen hat begonnen

Nicht nur das Geräusch der singenden Vögel liegt derzeit in der Luft, sondern ist es auch bereits warm genug um zumindest zur Mittagszeit für einige Stunden im Garten zu sitzen und die Sonne an der Nase kitzeln zu lassen. Der Sommer ist fast da und bekanntlich bringt der viele verschieden Vorteile und vor allem wunderbare Gerüche mit sich. Denn bestimmt kennt jeder den Geruch von gegrilltem Gemüse, der mittels einer angenehm duftenden Rauchwolke vom Nachbar in den eigenen Garten herüber geweht wird. Dann denkt jeder daran, was er auf den Grill legen würde und plant schon vor fürs nächste Wochenende. Grillen auf der Veranda oder doch am Lagerfeuer am Fluss? Gemüse oder Kartoffeln? Und wer sich nicht entscheiden kann, was schlussendlich auf dem Teller landen soll, einfach nur seine Freunde mit neuen Rezepten überraschen möchte, oder etwas Neues ausprobieren will, sollte auf jeden Fall zum Rezeptbuch greifen. Überraschen Sie sich selbst mit neuen Geschmäckern und Varianten mit den frischen Frühlingsgewürzen aus dem eigenen Garten. Starten Sie voller Vorfreude in die Grillsaison!

Grillarten – Unterschiede nach der Hitzequelle

1. **Holzkohlegrill**
   Die beliebteste Art zu Grillen ist bei den Deutschen immer noch das Grillen mit Holzkohle. Allerdings benötigt man für diese Grillform auch einiges an Vorlaufzeit, denn die Grillkohle muss erst komplett durchglühen, damit genügend Hitze zum Grillen erzeugt wird. Für die Vorbereitung der Grillkohle sollte ca. **30-40 Minuten** eingeplant werden.

2. **Elektrogrill**
   Wer es etwas schneller mag sollte sich einen Elektrogrill zulegen. Einfach den Stecker in die Steckdose und in wenigen Minuten kann es auch schon losgehen. Da es bei dieser Grillform keine Rauchentwicklung gibt ist sie perfekt für das Grillen auf dem Balkon geeignet.

3. **Gasgrill**
   Genauso schnell und mit wenig Rauch ist der Gasgrill. Der Grill funktioniert wie ein Gasherd, einfach den Knopf drücken, die Flamme springt an uns kann schon losgehen. Die Temperatur kann sich auch dementsprechend einfach regeln lassen.

Grillrost einfetten mit dem richtigen Öl

Vor dem Grillen sollte man den Grillrost mit einem hitzestabilen Öl einfetten, damit das Grillgut nicht kleben bleibt. Am besten das Öl auf ein Stück Küchenpapier geben und über den Rost wischen. Am besten eignet sich Sonnenblumenöl oder Rapsöl.

Hat man mal kein Öl zur Hand kann man auch eine Kartoffel verwenden und erzielt den gleichen Effekt. Dafür muss der Grill erhitzt werden und die Kartoffel halbiert. Die Schnittstellen der Kartoffeln müssen mit einer Gabel eingestochen werden, um damit den Rost einzureiben. Die Hitze entzieht der Knolle die Stärke und sorgt so für eine natürliche Antihaft-Beschichtung.

Die 5 Ebenen der veganen Ernährungspyramide

Die vegane Ernährungspyramide richtet sich nach den Anteil von Lebensmittel, die man vermehrt zu sich nehmen sollte. Da bereits im vorherigen Kapitel erklärt worden ist, welche Nachteile auch die vegane Kost mit sich bringt, ist es umso wichtiger die richtige Menge zu sich zunehmen.

1) Basis:

Die Basis, ist für alle Menschen gleich. Nämlich das wichtigste, ist Wasser. Wie viel man pro Tag trinken sollte hängt von Mensch zu Mensch ab. Hier spielen wichtige Faktoren eine Rolle. Z.B. welche körperlichen Tätigkeiten macht man am Tag. Generell sagt man ein erwachsener Mensch besteht 70% aus Wasser und verliert durch die Haut, sowie die Ausscheidung ca. 2,5 Liter pro Tag. Somit muss der Verlust einmal durch das Trinken und die Nahrung wieder aufgenommen werden. Man sagt, das man ca. 1 Liter aus der Nahrung gewinnt und der Rest muss über Getränke wieder aufgenommen werden. Hier empfiehlt es sich auf Industriegetränke zu verzichten. Man kann sich lieber einen Tee, Smoothie und einen selbstgemachte Limonade trinken. Ist gesünder und schmeckt besser. Ein weiterer wichtiger Tipp ist, das man regelmäßig über den Tag verteilt trinkt.

2)Gemüse und Obst

Im Vordergrund der veganen Ernährung steht vor allem das Gemüse und Obst. Man sollte dabei ca. 3-4 Portionen pro Tag zu sich nehmen. Hier empfehle ich immer die Rohkosternährung. Diese ist leicht umzusetzen und geht gut mit der veganen Kost einher. Gemüse und Obst sind sehr reich an Vitamine, Mineralien und Spurenelemente. Zusätzlich sehr ballastoffreich, was sehr gut für unseren Verdauungstrakt ist.

3) Proteinhaltige Lebensmittel

Eine weitere wichtige Ebene in der Ernährungspyramide sind die pflanzlichen Proteine. Proteine (Eiweiße) sind enorm wichtig für unseren Körper und nicht weg zu denken. Deswegen ist die Zufuhr auch so wichtig. Die „Nichtveganer“ haben es mit der Proteinzufuhr wesentlich leider, weil der meiste Anteil von Eiweißen in tierischen Produkten ist. Da Veganer jedoch auf jegliche tierischen Produkten verzichten wie z.B. Käse, Milch, Eiern, ist die Zunahme von pflanzlichen Eiweißen umso wichtiger. Entscheidende pflanzliche Proteinquellen sind ***Hülsenfrüchte*** und Sojaprodukte

4) stärkehaltige Produkten

Die Zufuhr von stärkehaltigem Lebensmittel stellt eine nicht so entscheidende Rolle in der veganen Ernährung da, da der größte Anteil von ballastoffreichen Lebensmitteln mit dem Gemüse und Obst gewonnen wird. Stärkehaltige Produkte wären z.B. Vollkornprodukte, Reis oder Kartoffeln

5) Salz, Öle, Fette

Diese Lebensmittel sollten eher weniger in den Alltag zu sich genommen werde, obwohl es hier auch wieder unterschiedliche Meinungen gibt. Es gibt nämlich auch sehr gut Öle wie z.B. Leinöl. Dieses ist reich an hochwertige Omega-3-Fettsäuren, was enorm wichtig ist für unser Herzkreislaufsystem. Zusätzlich verbessert Leinöl die Blutwerte.

Rezepthinweise

Abkürzungen für die Rezepte

Pck. = Packung
St = Stück
g = Gramm
kg = Kilogramm
ml = Milliliter
cm = Zentimeter
cl = Zentiliter
l = Liter
Msp. = Messerspitze 1 ml
TL = Teelöffel (5 ml)
EL = Esslöffel (15 ml)
T = Tasse (200 ml)
n.B .= nach Bedarf

Salate

Kürbissalat

20 Minuten | Ruhezeit: 6 Stunden leicht

Zutaten

400 g Kürbis | 4 Gewürzgurken | 3 Tomaten | 3 EL Kräuteressig | 4 EL Öl | 1 Zwiebel | Salz | Zucker | Schnittlauch

Zubereitung

1. Den Kürbis schälen und ihn in feine Streifen raspeln.
2. Die Gewürzgurken, die Zwiebel und die Tomaten in kleine Würfel schneiden und alles in eine Schüssel geben.
3. Aus Essig, Öl, Salz und Zucker eine Soße bereiten und über den Salat geben.
4. Den Schnittlauch fein hacken und darüber streuen.
5. Alles gut durchmischen und mindestens **6-8 Stunden** an einem kühlen Ort durchziehen lassen.

Notizen____

Mango-Salat

20 Minuten leicht

Zutaten

125 g Rucola | 2 Möhren | 3/4 reife Mangos | n.B. Pinienkerne | 3 EL Olivenöl | 3 EL hellen Balsamico | Etwas Muskat | Salz und Pfeffer | Salatkräuter

Zubereitung

1. Den Rucola in kaltem Wasser vorsichtig waschen und mit einer Salatschleuder trockenschleudern.
2. Die Möhren so fein wie möglich reiben und das Mangofleisch klein würfeln.
3. Den Rucola, Möhren und Mango in eine Schüssel geben.
4. Aus Öl, Essig, den Gewürzen und Kräutern ein Dressing rühren, über den bunten Salat geben und gut vermengen.
5. Nach Belieben Pinienkerne in einer Pfanne leicht anrösten und vor dem Servieren über den Salat geben.

Notizen____

Bohnensalat

20 Minuten | Ruhezeit: 1 Stunde leicht

Zutaten

1 Dose weiße Bohnen | 1 Zwiebel | 1 ½ Äpfel | 1 Orange | 4 EL Öl | 1 ½ EL Weißweinessig | 2 TL Senf | ½ HV Thymian | Prise Salz und Pfeffer

Zubereitung

1. Die weißen Bohnen mit Wasser waschen, abtropfen lassen und in eine Salatschüssel geben.
2. Die Äpfel klein schneiden, die Orange filetieren und klein schneiden.
3. Die rote Zwiebel in Würfel schneiden und alles zusammen mit dem Thymian in die Salatschüssel geben und vermischen.
4. Die Salatsoße in einer separaten Schüssel anrühren. Mit einem Schneebesen Öl, Essig, Senf, Salz und Pfeffer zu einer glatten Soße verrühren und anschließend über den Salat gießen. Gut umrühren und danach **1 Stunde** ziehen lassen.

Notizen______________________________

Couscous Linsen Curry Salat

40 Minuten mittel

Zutaten

100 g Couscous | 1 TL Currypulver | 1 EL Rapsöl | 50 g grüne Linsen | 2 Lauchzwiebeln | 2 EL Apfelessig | Saft von einer Zitrone | 1 TL Gemüsebrühpulver | Salz und Pfeffer | n.B. Chili

Zubereitung

1. Für den Couscous das Wasser, Salz, Currypulver und das Öl in einen Topf geben und aufkochen.
2. Den Couscous dazugeben, alles umrühren und bei geschlossenem Deckel kurz aufkochen.
3. Den Herd auf die niedrigste Stufe stellen, immer mal wieder umrühren und gegebenenfalls Wasser nachgießen. Alles solange garen bis das Wasser aufgesogen und der Couscous gar ist.
4. Die Linsen in der Zwischenzeit mit dem Wasser bei mittlerer Hitze kochen, bis die Linsen gar und das Wasser aufgesogen ist. Ggf. bei der Zubereitung etwas mehr Wasser dazugeben.
5. Den Couscous, die gekochten Linsen und die Lauchzwiebeln in eine Schüssel geben und mit dem Apfelessig, Zitronensaft, Gemüsebrühpulver, Salz, Pfeffer und Chili abschmecken.

Notizen____

Kartoffelsalat mit Linsen

30 Minuten mittel

Zutaten

500 ml Gemüsebrühe | 150 g Linsen | 500 g Kartoffeln | 1 Bund Lauchzwiebel | 4 EL Öl deiner Wahl | 3 EL Essig | Salz und Pfeffer

Zubereitung

1. Die Hälfte der Gemüsebrühe aufkochen und die Linsen dazugeben. Bei niedriger Hitze **25-30 Minuten** kochen lassen. Danach die Linsen durch ein Sieb abgießen.
2. In der Zwischenzeit die Kartoffeln schälen und in Scheiben schneiden und anschließend kochen.
3. Die Frühlingszwiebeln waschen, in dünne Ringe schneiden und in heißem Öl glasig langsam dünsten.
4. Den Rest der Brühe zu den Frühlingszwiebeln hinzugeben und aufkochen lassen. Dann den Essig unterrühren, aufkochen lassen und vom Herd nehmen.
5. Die Kartoffelscheiben hineingeben und die Linsen untermischen. Nun **30 Minuten** ziehen lassen.
6. Zum Schluss noch das Ganze mit Pfeffer und Salz würzen

Notizen____

Tomaten-Linsen-Salat

10 Minuten leicht

Zutaten

125 g Linsen | 5. frische Tomaten | 1 Knoblauchzehe | 1 ½ Zwiebel | 450 ml Gemüsebrühe | Prise Salz und Pfeffer | Zitronensaft | 3 EL Olivenöl

Zubereitung

1. Die Linsen gemeinsam mit der Gemüsebrühe für ca. **5 Minuten** kochen und anschließend abgießen.
2. Die Tomaten und Zwiebeln klein schneiden und die Knoblauchzehe klein hacken.
3. Für das Dressing werden Zitronensaft, Olivenöl, Pfeffer und Salz miteinander vermischt und die Knoblauchzehen dazugegeben.
4. Die lauwarmen Linsen mit den obengenannten Zutaten zusammen verrühren.

Notizen______________________________________

Rote Beete Salat

10 Minuten leicht

Zutaten

2 große Rote Beete | 2-3 Knoblauchzehen | 2 EL Olivenöl | 50 g Walnüsse

Zubereitung

1. Die Rote Beete roh raspeln, die Knoblauchzehen fein hacken oder pressen.
2. Die Wallnüsse kleine hacken.
3. Die geraspelten rote Beete, die feinen Knoblauchstückchen und die Wallnüsse zusammen vermengen.
4. Den Pfeffer, Salz und Olivenöl dazu gegeben.

Notizen____________________

Russischer Weißkohlsalat

20 Minuten leicht

Zutaten

½ Weißkohl (alternative Spitzkohl) | 3 Möhren | Prise Salz und Pfeffer | 1 Teelöffel Kräuteressig | Dill | 2 Teelöffel Öl

Zubereitung

1. Der Weißkohl bzw. Spitzkohl fein schneiden und solange durchkneten bis der Kohl weich wird und anfängt zu saften.
2. Die Möhren klein raspeln und gemeinsam mit dem Dill, Kräuteressig und Öl zu dem Kohl geben. Dabei alles miteinander verrühren.

Hinweis: Optimal wäre es, damit sich der Salat besser entfalten kann, dass der fertige Salat für mehrere Stunden in den Kühlschrank gestellt wird.

Notizen____

Grillgemüse – Salat

Dieser Salat wird nicht gegrillt, schmeckt aber fabelhaft zu gegrilltem.

35 Minuten leicht

Zutaten

2 rote Paprikaschoten | 2 gelbe Paprikaschoten | 2 Zwiebeln | 1 Zucchini | 2 große Karotten | 250 g Champignons | 1 Fenchel | 6 Knoblauchzehen | 3 EL Olivenöl | 2 TL Salz | 3 EL Balsamico | 3 EL Walnussöl | n.B. Paprikapulver und Chilifocken

Zubereitung

1. Das Gemüse putzen und in mundgerechte Stücke schneiden
2. Die Zwiebeln schälen und in Achtel schneiden.
3. Die Knoblauchzehen schälen und fein pressen.
4. Das Gemüse in einen Gefrierbeutel geben und den durchgepressten Knoblauch, das Olivenöl und das Salz hinzugeben und alles durchschütteln. Bei Bedarf, kann auch noch Chiliflocken und Paprika hinzugegeben werden.
5. Das Gemüse auf zwei mit Backpapier ausgelegte Backbleche verteilen und im Ofen bei 200°C für **20 Minuten** backen, bis das Gemüse anfängt zu bräunen.
6. Das Gemüse abkühlen lassen und dann in eine große Schüssel geben.
7. Aus Balsamico und Walnussöl eine Marinade herstellen und unter das Gemüse heben.

Notizen____________________

Kartoffelsalat mit Frühlingszwiebeln

35 Minuten | Ruhezeit: 30 Minuten leicht

Zutaten

750 g festkochende Kartoffeln | 1/2 EL Kümmel | 180 ml Gemüsebrühe | 5 EL weißer Balsamico-Essig | 4 EL Rapsöl | 1 EL Senf mittelscharf | 3 Frühlingszwiebeln | Salz | Pfeffer

Zubereitung

1. Die Kartoffeln waschen, in einem Topf mit Wasser bedecken, Kümmel dazu geben und gar kochen.
2. Die Kartoffeln mit kaltem Wasser abschrecken, pellen und in Scheiben schneiden.
3. Die Gemüsebrühe mit der Hälfte vom Essig mischen und mit Salz und Pfeffer würzen, über die Kartoffeln gießen und vorsichtig vermengen. Mindestens **30 Minuten** durchziehen lassen.
4. Aus dem restlichem Essig, Öl und Senf ein Dressing bereiten. Frühlingszwiebeln putzen, waschen und in feine Ringe schneiden.
5. Das Dressing und Lauchzwiebeln unter den Salat mischen.
6. Abschmecken und eventuell nachwürzen.

Notizen____

Brote

Pita - Brot mit Sesam

60 Minuten | Ruhezeit: 50 Minuten mittel

Zutaten

300 ml lauwarmes Wasser | 1 Pck. Trockenhefe | 1 TL Salz | 450 g Mehl | Sesam zum Bestreuen | etwas Wasser zum Bestreichen

Zubereitung

1. Das Wasser, Hefe, Salz und Mehl vermischen, durchkneten und anschließend für ca. **45 Minuten** gehen lassen.
2. Aus dem Teig 10 runde, flache, ca. 0,5 cm dicke Stücke formen und diese auf ein mit Backpapier ausgelegtes Backblech legen.
3. **5 Minuten** gehen lassen und danach die „Brötchen" mit etwas Wasser bestreichen und mit dem Sesam bestreuen.
4. Im vorgeheizten Backofen bei 225°C ca. **10 Minuten** backen.

Notizen____

Pizzabrot

95 Minuten | Ruhezeit: 80 Minuten mittel

Zutaten

Für den Teig:

500 g Mehl | 250 ml Wasser | 4 g frische Hefe | 2 EL Olivenöl | ½ EL Salz | ½ TL Zucker

Für den Belag:

6 EL Olivenöl | 6 TL gemischte mediterrane Kräuter | 1 TL Meersalz

Zubereitung

1. Alle Zutaten für den Teig gut verkneten (mit der Hand oder mit einem Rührgerät).
2. **1 Stunde** bei Zimmertemperatur gehen lassen.
3. Rund 120 g Teig pro Pizzabrot entnehmen, etwas breit ziehen und **10 Minuten** ruhen lassen.
4. Auf einer bemehlten Unterlage ausrollen und weitere **10 Minuten** ruhen lassen und nochmals ausrollen.
5. Den Teig mit einer Gabel einstechen.
6. Den Teig mit Olivenöl bestreichen und die Kräuter, Salz darüber geben.
7. Den Backofen auf 220° C vorheizen
8. Das Pizzabrot für **10 Minuten** im Ofen backen.

Hinweis: Die Mengenangaben sind variabel. Zum Anrichten kann auch Knoblauch-Oliven-Öl verwendet werden.

Baguette Parisienne

90 Minuten | Ruhezeit: Bis 16 Stunden mittel

Zutaten

400 g Mehl | 1 1/2 TL Salz | 1/4 TL Trockenhefe | 320 ml Wasser

Zubereitung

1. Das Mehl, Salz und Hefe in einer Schüssel vermischen.
2. Das Wasser hinzugeben und gerade soweit untermischen, dass es keine trockenen Nester mehr gibt.
3. Die Schüssel mit einer Folie abdecken und **12-16 Stunden** kühl stellen. Nach dieser Zeit hat sich eine Teigmasse mit vielen Blasen gebildet.
4. Eine Arbeitsfläche mit Mehl bestäuben und den Teig mit Hilfe eines Teigschabers auf die bemehlte Arbeitsfläche gleiten lassen.
5. Den Teig jetzt nicht kneten, sondern nur in etwas drei gleich große Teile teilen und formt anschließend 3 Baguettes legt diese in eine Baguette-Backform.
6. In der Baguette-Backform gehen lassen, bis der Teig die Form gut ausfüllt hat.
7. Im vorgeheizten Backofen bei 250°C Ober-/Unterhitze für **10 -15 Minuten** auf der mittleren Schiene backen.

Hinweis: Nachdem man die Baguettes in den Ofen geschoben hat, besprüht man den Boden des Backofens mit einer Blumenspritze mit Wasser. Dies erzeugt eine besonders schöne Brotkruste.

Kartoffelbrot

130 Minuten | Ruhezeit: 55 Minuten mittel

Zutaten

3 mehlig kochende Kartoffeln | 500g Weizenmehl | 2 EL Stärke | 1/2 Pck. Trockenhefe | 2 TL Zucker | 1/3 T lauwarmes Wasser | 1/2 T lauwarme Sojamilch | 2 TL Salz

Zubereitung

1. Die Kartoffeln schälen, kochen und nach der Kochzeit mit einem Kartoffelstampfer klein stampfen.
2. Die Hefe und Zucker im Wasser auflösen und **15 Minuten** gehen lassen.
3. Alles mit den restlichen Zutaten (auch mit den Kartoffeln) etwa **10 Minuten** kneten.
4. Abgedeckt **45 Minuten** stehen lassen.
5. Einen Laib formen und auf das Backpapier legen.
6. Im Backofen bei niedrigster Temperatur nochmals **10-15 Minuten** gehen lassen.
7. Den Backofen anschließend auf 200°C hochdrehen und für ca. **45-50 Minuten** backen.

Notizen____

Kürbis - Oliven - Rosmarin – Brot

145 Minuten | Ruhezeit: 100 Minuten mittel

Zutaten

350 g Hokkaido Kürbis, grob geraspelt | 600 g Vollkornmehl | 100 g Dinkelmehl | 3 TL Salz | 1 Würfel Hefe | 200 ml Wasser | 1 EL Olivenöl | 2 EL frischer fein gehackter Rosmarin | 5 EL Kürbiskerne, ohne Fett geröstet, grob gehackte | 100 g schwarze Oliven, grob gehackte | Fett für die Form

Zubereitung

1. Die Hefe mit ein wenig Wasser glatt rühren und für **10 Minuten** stehen lassen.
2. Das Mehl, Salz und Kürbis mischen.
3. Die Hefemischung, Olivenöl und Wasser hinzugeben und unterrühren *(die Wassermenge ist abhängig von der Feuchtigkeit des Kürbisfleisches)* und zu einem glatten Teig verkneten.
4. Zugedeckt ca. **1 Stunde** stehen lassen.
5. Den Rosmarin, Kürbiskerne und Oliven fein hacken, hinzugeben und unterkneten.
6. Den Teig in eine gefettete Kastenform geben und ihn für **30 Minuten** stehen lassen.
7. Ofen auf 220°C vor heizen.
8. Im vorgeheizten Backofen bei 220°C etwa **40 Minuten** backen.

Hinweis: Schmeckt nach 1-2 Tagen noch besser als frisch gebacken, da das Brot durch den Kürbis schön feucht wird und die Aromen der Gewürze dann noch stärker zur Geltung kommen.

Notizen____

Tomaten- und Oliven Ciabatta

90 Minuten | Ruhezeit: 45 Minuten mittel

Zutaten

800 g Weizenmehl | 200 g Vollkornmehl | 300 g lauwarmes Wasser | 2 TL Salz | 1 Glas in Kräuteröl eingelegte Oliven | 1/2 Glas in Öl eingelegte getrocknete Tomaten | 4 EL Olivenöl | 3 Pck. Trockenhefe | Etwas Mehl für die Arbeitsfläche | Etwas Olivenöl und Tomatenöl zum Bestreichen

Zubereitung

1. Das Mehl mit dem lauwarmen Wasser, dem Salz und der Hefe zu einem lockeren Teig kneten.
2. Das Olivenöl unterrühren. Damit der Teig noch geschmeidiger wird, knetet man ihn auch für kurze Zeit mit den Händen. Sollte der Teig noch zu feucht sein, gibt man eventuell etwas mehr Mehl hinzu. Sollte er zu trocken sein, erhöht man etwas die Wassermenge.
3. Die Oliven und die getrockneten Tomaten fein schneiden.
4. Den Teig in zwei Teile teilen.
5. In den Ersten gibt man die Oliven hinein und knetet diese in den Teig.
6. In den anderen gibt man die in kleine Stücke geschnittenen getrockneten Tomaten hinein.
7. Die zwei Teigkugeln gibt man jeweils in eine Schale und deckt diese mit einem Küchentuch ab und lässt diese für ca. **45 Minuten** ruhen.
8. Nach der Ruhezeit heizt man den Backofen auf 200°C vor.
9. Aus den zwei Teigkugeln zwei Laibe formen und den Teig mit den Oliven mit Olivenöl bestreichen und den Teig mit den Tomaten mit dem Öl aus dem Glas, in dem die Tomaten eingelegt waren bestreichen.
10. Die Brote für ca. **30 - 40 Minuten** im vorgeheizten Backofen backen.
11. Die Brote sind dann fertig, wenn sie eine hellbraune Kruste haben.

Pitabrot vom Grill

85 Minuten | Ruhezeit: 65 Minuten mittel

Zutaten

250 g Mehl | 250 ml lauwarmes Wasser | 10 g Zucker | 2 EL Olivenöl | 1 Pck Trockenhefe | etwas Salz | etwas Olivenöl, für die Schüssel

Zubereitung

1. Den Zucker mit dem lauwarmen Wasser und der Hefe in eine Schüssel geben und für ca. **15 Minuten** an einem warmen Ort gehen lassen.
2. Das Mehl mit der Hefe-Wasser-Zucker-Mischung langsam für **10 Minuten** in der Küchenmaschine oder mit den Händen verkneten.
3. Etwas Salz hinzufügen.
4. Den Teig in eine mit Olivenöl ausgestrichenen Schüssel geben und mit einem Tuch bedecken und für weitere **30 Minuten** an einem warmen Ort gehen lassen, bis der Teig sein Volumen verdoppelt hat.
5. Den Teig erneut kurz durchkneten und in 10 - 12 Stücke teilen.
6. Jedes Stück zu einem Fladen ausrollen.
7. Die Fladen nochmals ca. **20 Minuten** gehen lassen und dann bei mittlerer Hitze auf dem Grill ca. **2 - 3 Minuten** pro Seite grillen.

Notizen

Focaccia

120 Minuten | Ruhezeit: mittel

Zutaten

250 g Weizenmehl | 1 TL Salz | 150 ml lauwarmes Wasser | 0,5 Würfel Hefe | 1 Prise Zucker | 2 Zweige Rosmarin | Salzflocken | Olivenöl

Zubereitung

1. Die Prise Zucker in das lauwarme Wasser geben, die Hefe hineinbröckeln und die Hefe darin auflösen lassen.
2. Das Mehl mit dem Salz in eine Schale geben, vermischen, in die Mitte eine Mulde machen und dort das Hefewasser hineingeben.
3. Alles **5 Minuten** mit den Händen zu einem glatten Teig kneten und diesen abgedeckt an einem warmen Ort für ca. **35 - 45 Minuten** gehen lassen.
4. Das Backblech mit Backpapier belegen und den Teig in vier gleichmäßige Stücke teilen.
5. Vier runde Focaccia formen und auf das Backblech legen. Mit einem Tuch abdecken und **10 - 15 Minuten** gehen lassen. In der Zwischenzeit den Backofen auf 250 Grad vorheizen.
6. Die Focaccia oben mit den Fingerkuppen mehrmals eindrücken. Die Rosmarinnadeln von den Zweigen streifen, grob hacken und über die Focaccia streuen.
7. Die Focaccia ebenfalls mit Salzflocken bestreuen und mit etwas Olivenöl beträufeln.
8. Die Focaccia ca. **13-15 Minuten** auf dem Boden des Backofens backen, dann das Blech auf die oberste Schiene das Backofens schieben und weitere **5 Minuten** goldbraun backen.

Notizen____

Dips & Saucen

Tsatsiki

20 Minuten leicht

Zutaten

1 mittelgroße Gurke | 2 T vegane Mayonnaise | 2 EL frische Minze | ¼ TL frisch gepresster Zitronensaft | 4-6 Knoblauchzehen, gepresst oder gehackt | 1 EL frisch gehacktes Dillkraut (oder 1 TL trockene Dillspitzen) | Prise Meersalz | ¼ TL frisch gemahlener schwarzer Pfeffer | 1 Prise Cayennepfeffer

Zubereitung

1. Die Knoblauchzehen schälen und fein hacken.
2. Den Saft aus der Zitrone pressen.
3. Die Gurke grob reiben, in einer großen Schüssel mit den restlichen Zutaten geben und alles miteinander vermischen. Um es etwas säuerlicher schmecken zu lassen, gibt man noch mehr Zitronensaft dazu.
4. Kühl servieren.

Notizen____

Knoblauchmus mit Thymian

55 Minuten leicht

Zutaten

3 Knollen Knoblauch | 6 EL Olivenöl | 6 Stiele frischen Thymian | Salz und Pfeffer

Zubereitung

1. Die Knoblauchknollen (so wie sie ist – ungeschält) mit 2 EL Olivenöl beträufeln.
2. 2 Stiele Thymian dazulegen und alles in Alufolie wickeln. Im vorgeheizten Backofen auf der mittleren Schiene bei 200 Grad (Gas 3, Umluft 180 Grad) **45-50 Minuten** backen.
3. Die Knoblauchknollen herausnehmen und etwas abkühlen lassen. Die Zehen aus den Knollen lösen, und das Innere mit den Fingern herausdrücken.
4. Den Knoblauch mit einer Gabel zerdrücken.
5. Das restliche Olivenöl unterrühren und mit Salz und Pfeffer würzen.
6. Vom zurückbehaltenen Thymian die Blättchen abzupfen, hacken und unter das Knoblauchmus mischen.

Notizen____

Salsa aus Gurke

15 Minuten | Ruhezeit: 1 Stunde leicht

Zutaten

1 dicke Salatgurke | 2 kleine Zwiebeln | 5 EL Olivenöl, zum andünsten | 4 EL Aprikosenkonfitüre | 1 kleine Zitrone, davon den Saft | Salz und Pfeffer | Chili

Zubereitung

1. Die Zwiebeln schälen, würfeln und in Olivenöl glasig anschwitzen.
2. Die Aprikosenkonfitüre und den Zitronensaft hinzugeben.
3. Mit Salz, Pfeffer und Chili würzen und abkühlen lassen.
4. In der Zwischenzeit die Gurke schälen und in kleine Würfel schneiden.
5. Den Zwiebel-Mix einrühren und alles ca. **1 Stunde** im Kühlschrank ziehen lassen.

Notizen____________________________________

Sonnenblumencreme

10 Minuten leicht

Zutaten

250 g Sonnenblumenkerne | 500 ml Wasser | 6 EL Soja Milch | 1 EL Zitronensaft | 1 TL Salz

Zubereitung

1. Die Sonnenblumenkerne über Nacht im Wasser einweichen.
2. Das überschüssige Wasser abgießen.
3. Die Sojamilch, Zitronensaft und Salz dazugeben und alles fein pürieren.

Notizen____

Mayonnaise

10 Minuten leicht

Zutaten

3 EL Zitronensaft | 75 ml Soja Drink | 1/4 TLSenf | 1 Prise Salz und Paprikapulver | 6 EL Öl

Zubereitung

1. Alle Zutaten, bis auf das Öl, in einen Mixer. Dabei die kleinste Stufe einschalten und tröpfchenweise das Öl dazu geben, bis die Mischung schön dick wird. So lange weiter mixen, bis eine geschmeidige Masse entsteht.

Notizen____

Ketchup

10 Minuten leicht

Zutaten

200 g Tomatenmark | 200 ml Gemüsebrühe | 1/3 T Zucker | 3 EL Essig | 1-2 TL Kräutersalz | 1 TL Paprikapulver | etwas Pfeffer

Zubereitung

1. Alle Zutaten zusammen mischen.
2. In einen Topf geben, **3 Minuten** kochen und in ein Schraubglas füllen.
3. Im Kühlschrank aufbewahren.

Notizen____

Hummus

Wer kennt die Kichererbsenpaste nicht, die es oft schon fertig im Geschäft gibt. Aber bekanntlich schmeckt ja alles besser, was man selbst gemacht hat.

15 Minuten leicht

Zutaten

1 Dose Kichererbsen | 1 oder 2 Knoblauchzehen | 3 EL Olivenöl | 2 EL Tahini (Sesammus) | ½ Zitrone | Salz, Pfeffer und Kumin

Zubereitung

1. Die Kichererbsen abgießen *(behalte besser noch ein bisschen von der Flüssigkeit, dann kann man mit der Konsistenz vom Hummus spielen)*
2. Die Knoblauchzehen klein hacken.
3. Gemeinsam mit den anderen Zutaten wird alles mit den Kichererbsen vermengt.
4. Die Masse *(mit einem Pürierstab oder einem Mixer)* so lange püriert, bis eine cremige Konsistenz daraus entsteht.

Notizen____

Paprikahummus

20 Minuten | Ruhezeit: 12 Stunden mittel

Zutaten

250 g Kichererbsen | 3 rote Paprikaschoten oder 1 Glas geröstete Paprika | 2 Knoblauchzehen | 3 EL Zitronensaft | 1 EL Olivenöl | 60 ml Sesampaste | 2 Prisen Salz | 2 Prisen Pfeffer | 1/2 TL Kreuzkümmel | Cayennepfeffer

Zubereitung

1. Die Kichererbsen **12 Stunden** in kaltem Wasser einweichen.
2. Die Kichererbsen spülen und in ungesalzenem Wasser bissfest kochen.
3. Die Paprikaschoten im Backofen auf höchster Stufe rundherum grillen und schwarz werden lassen und anschließend in einen Gefrierbeutel geben, diesen verschließen und im Gefrierfach kalt werden lassen.
4. Die schwarze Haut der Paprika entfernen.
5. Alle Zutaten in einen Mixer geben und pürieren.
6. In Gläser abfüllen, ein wenig Olivenöl darüber gießen und verschließen.

Notizen____

Champion-Dip

60 Minuten | Ruhezeit: 35 Minuten leicht

Zutaten

300 g weiße Champignons | 100 g Rundkornreis | 50 g Kartoffeln | 2 TL Öl | 200 ml Gemüsebrühe | 1 Knoblauchzehe | Pfeffer | Paprikapulver | Salzwasser

Zubereitung

1. Die Kartoffeln schälen und in wenig Salzwasser weichkochen.
2. Den Reis in der Gemüsebrühe aufkochen und den Herd auf die niedrigste Stufe schalten.
3. Zugedeckt etwa **30 – 35 Minuten** ziehen lassen.
4. Die Knoblauchzehe schälen und zerdrücken.
5. Die Champignons putzen, klein schneiden und zusammen mit der zerdrückten Knoblauchzehe in Öl anschwitzen.
6. Mit Pfeffer und Paprikapulver abschmecken und so lange rühren, bis die Flüssigkeit aus den Pilzen verdampft ist.
7. Die Kartoffeln und den Reis hinzufügen und alles miteinander pürieren.

Notizen____

Sesam-Dip

10 Minuten leicht

Zutaten

200 g Seidentofu | 1 EL Sesampaste | 1 EL Erdnussbutter | 1 Stück Ingwer (ca. 4 cm) | 1 Knoblauchzehe | 1 TL Agavendicksaft | 1 TL Essig | 2 EL Sojasoße

Zubereitung

1. Die Knoblauchzehen schälen und klein hacken.
2. Alle Zutaten in einen Mixer und miteinander pürieren. Dabei die Sojasoße vorsichtig nach und nach hinzugeben. Ist die Konsistenz trotz am Ende noch zu fest, kann auch vorsichtig etwas Wasser zugegeben werden.

Notizen____

Guacamole

Guacamole ist ein Avocado-Dip aus der mexikanischen Küche. Dort wird er zum Beispiel zu Taquitos oder Tortilla-Chips gegessen.

20 Minuten leicht

Zutaten

2 reife Avocados | 1 kleine Zwiebel | Jalapeño oder frische Chilischote | 1 Tomate | Saft einer Limette | Salz

Zubereitung

1. Die zwei Avocados schälen, entkernen und mit einer Gabel in einer Schüssel zerdrücken oder pürieren.
2. Den Limettensaft dazugeben.
3. Die Zwiebel, Jalapeño oder frische Chili und Tomate in sehr kleine Würfel schneiden und unter die Avocadomasse mischen. Falls die Tomate zu wässrig ist, sollte man sie etwas abtropfen lassen.
4. Die Guacamole mit Salz würzen.

Notizen______________________________

Senf-Avocado-Dip

10 Minuten leicht

Zutaten

1 reife Avocado | 1 Knoblauchzehe | 1 EL Olivenöl | 1 EL mittelscharfer Senf | Prise Salz | 1 TL Zitronensaft | etwas Pfeffer

Zubereitung

1. Die Avocado entkernen und mit einem Löffel das Fruchtfleisch herauslöffeln und in eine Schüssel geben.
2. Die Knoblauchzehe pressen, Olivenöl, Senf, Salz, Zitronensaft und Pfeffer hinzufügen und alles mit einer Gabel zerdrücken oder pürieren.

Notizen____

Mediterrane scharfe Soße

20 Minuten leicht

Zutaten

6 getrocknete Tomaten | 1 T verschiedene Chilischoten, in Scheiben geschnitten | 1/2 T Wasser (plus 2 EL des Wassers der getrockneten Tomaten) | 4 EL Limettensaft | 4 TL Rotwein- oder Apfelessig | 1/2 TL Meersalz | 1 TL Rohrzucker | 2 Knoblauchzehen | 1 TL Paprikapulver | 2 EL Olivenöl

Zubereitung

1. Die getrockneten Tomaten für **15 Minuten** in heißem Wasser einweichen.
2. Die Knoblauchzehen schälen.
3. Die restlichen Zutaten zusammen mit dem Einweichwasser der Tomaten in einen Mixer geben und glattrühren.
4. Die Mischung in ein Glas geben und kühl stellen.

Hinweis: Hält sich gekühlt etwa eine Woche.

Notizen____

Grillmarinade

20 Minuten leicht

Zutaten

1/2 TL Weißweinessig | 2 EL Reiswein | 1/2 TL Sojasoße | 2 EL Wasser | 3 Knoblauchzehen | 2.5 cm große Stück Ingwer | 1/4 T Olivenöl | 2 EL Melasse Streuwürze | grüne gemischte Kräuter

Zubereitung

1. Das gewünschte Grillgut in eine Auflaufform legen.
2. Die Knoblauchzehen und den Ingwer schälen und klein hacken.
3. Die Kräuter fein hacken.
4. Alle Zutaten für die Marinade in einer mittelgroßen Schüssel verrühren.
5. Die Mischung über das Grillgut gießen bis es gut beschichtet ist.
6. Für mindestens **24 Stunden** abgedeckt und gekühlt ziehen lassen, eventuell von Zeit zu Zeit umdrehen.
7. Das marinierte Grillgut für etwa **4-6 Minuten** von beiden Seiten grillen, servieren.

Notizen______________________________

Grillrezepte

Antipasti vom Grill

45 Minuten leicht

Zutaten

2 rote Paprikaschoten | 40 g Toastbrot (vegan) | 1 TL Essig | 1 Knoblauchzehe | 1 Bund glatte Petersilie | 25 g entkernte grüne Oliven | 10 EL Olivenöl | 1 Zucchini | 1 Aubergine | 1 EL Basilikum | Zitronensaft | Balsamico

Zubereitung

1. Die Paprikaschoten waschen, vierteln und entkernen.
2. Mit der Haut nach oben auf dem Rost im Ofen bei 220° ca. **20 - 25 Minuten** backen, bis die Haut Blasen wirft.
3. Anschließend herausnehmen und etwas abkühlen lassen und danach häuten.
4. Das Toastbrot würfeln, mit Essig und 1 EL Zitronensaft beträufeln.
5. Die Knoblauchzehe abziehen, Petersilienblätter waschen und trocken tupfen.
6. Das Toastbrot, Knoblauch und Petersilie, die Oliven und 1 EL Olivenöl im Mixer pürieren, mit Salz und Pfeffer abschmecken.
7. Die Paprikaviertel mit der Paste bestreichen und einrollen.
8. Die Aubergine und Zucchini waschen, die Auberginen quer, die Zucchini längs in Scheiben schneiden. Die Scheiben portionsweise auf dem Grill in 1-2 EL Olivenöl von beiden Seiten braun braten.
9. Mit Salz, Pfeffer, Balsamico und Basilikum würzen.

Tipp: Auf einem Teller anrichten und mit einem selbstgemachten Brot oder Baguette servieren.

Notizen____

Gegrilltes Gemüse

20 Minuten | Ruhezeit: 2 Stunden leicht

Zutaten

2 kleine Zucchini | 1 rote Paprikaschote | 1 gelbe Paprikaschote | 1 Zwiebel | 2 Kartoffel | 120 ml Olivenöl | 2 Knoblauchzehen | 1 Zweig Thymian | 2 Zweige Rosmarin | Salz

Zubereitung

1. Das Gemüse gründlich waschen.
2. Die Zucchini und die Zwiebel in ca. ½ cm dicke Scheiben schneiden.
3. Die Paprikaschoten vierteln und die Kartoffeln in dünne Scheiben schneiden oder hobeln.
4. Das Olivenöl in einer Schüssel mit zerdrücktem Knoblauch, Salz (nach Geschmack) und gehackten Kräutern geben und mischen.
5. Das Gemüse hinzugeben und ca. **2 Stunden** durchziehen lassen. Dabei mehrmals gut umrühren.
6. Eine Grillschale oder Alufolie mit Olivenöl auspinseln, das Gemüse darauf verteilen und unter gelegentlichem Wenden knusprig grillen. Mit Salz abschmecken.

Notizen____

Champignons vom Grill

15 Minuten leicht

Zutaten

500 g frische Champignons | 4 Knoblauchzehen | 5 EL Sojasoße | 5 EL Sonnenblumenöl | etwas Salz und Pfeffer

Zubereitung

1. Die Champions putzen und erstmal zur Seite stellen.
2. Die Knoblauchzehen durch die Knoblauchpresse drücken oder ganz klein schneiden und mit dem Öl und der Sojasoße vermischen und mit Salz und Pfeffer würzen.
3. Die Champignons hinzugeben und durchmischen. Sollte es zu wenig Marinade sein, einfach noch etwas von den Zutaten hinzugeben.
4. In Alufolie bei nicht mehr allzu starker Hitze einige Minuten auf den Grill legen, jedoch die Folie oben nicht schließen, damit Sie sehen können, ob die Pilze gar sind.

Notizen____

Mediterrane Zucchini

45 Minuten | Ruhezeit: 1 Stunden mittel

Zutaten

mittelgroße Zucchini | Knoblauchzehen | 1 Zitrone | Salz und Pfeffer | Paprikapulver | 1 EL Olivenöl | Kräuter nach Belieben |

Zubereitung

1. Die Zucchini in dicke Scheiben schneiden und in eine Schale legen.
2. Die Zitrone auspressen und über die Zucchini gießen.
3. Die Knoblauchzehen schälen und pressen oder in kleine Würfel schneiden und mit etwas Olivenöl untermengen.
4. Mit Salz, Pfeffer und Paprikapulver würzen.
5. Je nach Belieben Kräuter dazugeben. Gut durchmischen und etwa **1 Stunde** ziehen lassen.
6. Die Zucchinischeiben auf dem Grill braten.

Notizen______________________________

25 Minuten leicht

Zutaten

4 Zwiebeln | 8 Kirschtomaten | 2 Zucchini | Sojasoße | Salz und Pfeffer

Zubereitung

1. Die Zwiebeln schälen und in Viertel schneiden.
2. Die Zucchini in ein Zentimeter dicke Scheiben schneiden.
3. Auf Holzspieße im Wechsel Zucchini, Kirschtomaten und Zwiebeln spießen.
4. Mit Salz und Pfeffer würzen und mit Sojasoße marinieren.
5. **15 bis 20 Minuten** grillen, dabei regelmäßig wenden.

Notizen____

15 Minuten leicht

Zutaten

300 g Tomaten | 1 TL Tabasco | 2 EL Worcestersoße | 5 EL Olivenöl | 4 Stiele Koriandergrün | 2 Avocados | 1/2 Limette, den Saft davon | Salz und Pfeffer | Zucker

Zubereitung

1. Die Tomaten in kleine Würfel schneiden.
2. Den Tabasco, Worcestersoße und 4 EL Olivenöl verrühren, mit Salz und 1 Prise Zucker würzen. Koriandergrün grob hacken und untermischen.
3. Die Tomatenwürfel nun in die Soße geben.
4. Die Avocados längs halbieren und den Kern entfernen.
5. Die Avocadohälften mit Limettensaft und 1 EL Öl bestreichen, salzen und pfeffern.
6. Mit der Schnittfläche nach unten auf den nicht zu heißen Grill (oder Grillpfanne) legen und **4-5 Minuten** grillen, wenden und mit den Tomatenwürfeln servieren.

Notizen______________________________

____

____

Gegrillte Zucchini mit Minze

20 Minuten leicht

Zutaten

3 Zucchini | 1 HV frische Minze | Olivenöl | grobes Meersalz

Zubereitung

1. Die Zucchini waschen und die Endstücke abschneiden und anschließend längs in dünne Scheiben schneiden.
2. In eine heiße Grillpfanne etwas Olivenöl geben und die Zucchinischeiben hineinlegen und ca. **5 Minuten** braten, bis sie leicht glasig sind und ein wünschenswertes Grillmuster haben. Das dauert etwa **5 Minuten** von jeder Seite.
3. Die Zucchini in eine eckige Form legen. Wenn eine Schicht fertig ist, diese mit grobem Meersalz bestreuen und ein paar Minzblätter darauflegen.
4. Nach und nach die übrigen Zucchinischeiben grillen und in der Form schichten. Am Ende noch ein paar dekorative Minzblätter oben drauflegen und einen guten Schuss feines Olivenöl darüber verteilen.
5. Etwas abkühlen lassen, dann mit Folie abdecken und über Nacht in den Kühlschrank stellen.
6. Ca. **1 Stunde** vor dem servieren aus dem Kühlschrank nehmen.

Notizen____

Gegrillter Fenchel

30 Minuten leicht

Zutaten

1 Knolle großen Fenchel | 2 große Tomaten | 2 große Knoblauchzehen | 2 Zweige Rosmarin | 2 Zweige Thymian | 4 EL Olivenöl | Prise Salz und Pfeffer

Zubereitung

1. Aus 4 Stück Alufolie Päckchen basteln.
2. Den Fenchel in dünne Scheiben schneiden und in die 4 Alufolien verteilen.
3. Die Tomaten in nicht zu dünne Scheiben schneiden und auf dem Fenchel verteilen.
4. Die Knoblauchzehen in feine Scheiben schneiden und auf den Tomaten verteilen.
5. Mit Salz und Pfeffer würzen, die Kräuterstängel halbieren und auf das Gemüse geben.
6. Auf jedes Päckchen einen Löffel Olivenöl verteilen und die Päckchen verschließen.
7. Die gut verschlossenen Alupäckchen für ca. **15-20 Minuten** auf den Grill legen.

Notizen____

Gegrillter Spargel

35 Minuten leicht

Zutaten

1 kg grüner oder weißer frischen Spargel (250g pro Person) | Estragon oder Salbei | Sesamöl | grobes Meersalz | Pfeffer

Zubereitung

1. Den Spargel in doppelt ausgelegte Alufolie legen.
2. Jeweils einige Tropfen Sesamöl auf die Spargelstangen geben.
3. Den Estragon oder Salbei, grobes Meersalz und Pfeffer auf den Spargel geben.
4. Die Alufolie zum einem „Bonbon" einschlagen und verschließen.
5. Auf den heißen Grill legen und ca. **25 Minuten** grillen lassen. Der Spargel ist gut, wenn sich die Spargelpäckchen leicht biegen lassen.

Hinweis: Viele verschiedene Variationen sind hier möglich - z.B. etwas Himbeeressig bzw. Balsamico auf den Spargel tropfen. Oder mit Chili und getrockneten Tomaten grillen, dann mit Salbei und Zitrone abschmecken.

Notizen____

Kürbis vom Grill

60 Minuten leicht

Zutaten

1 Kürbis (ca. 1kg) | 5 EL Sesamöl | Salz

Zubereitung

1. Den Kürbis halbieren und die Kerne entfernen.
2. Mit den Schnittflächen nach unten auf den Rost legen und **10-15 Minuten** grillen.
3. Die Kürbishälften vom Grill nehmen und die Schnittflächen mit Sesamöl bestreichen.
4. Mit den nicht bestrichenen Seiten auf den Rost setzen und nochmals etwa **30 Minuten** grillen.
5. Das Kürbisfleisch aus der Schale herauslöffeln und mit etwas Öl und Salz servieren.

Notizen____

Backofenkartoffel

35 Minuten leicht

Zutaten

3 große Kartoffeln (ca. 300g je Kartoffel) | 5 EL Rapsöl, oder Sonnenblumenöl | 2 Knoblauchzehen | 2 EL BBQ Gewürzmischung | 1 TL Rauchsalz

Zubereitung

1. Die Knoblauchzehen schälen und fein hacken.
2. Die Kartoffel gründlich waschen, Schale, wenn nötig abbürsten und die Kartoffel in etwa 1cm dicke Scheiben schneiden.
3. Backofen auf 180 Grad vor heizen.
4. Das Öl, Knoblauch, Salz und Gewürzmischung gut verrühren und die Kartoffelscheiben von beiden Seiten damit einpinseln.
5. Die Kartoffelscheiben auf ein mit Backpapier ausgelegtes Backblech legen und für ca. **30-35 Minuten** in den Backofen geben. Zwischendurch immer wieder wenden.
6. Die Kartoffel-Scheiben lassen sich auch ausgezeichnet grillen. Ca. **25 Minuten** in einer Grillschale.

Notizen______________________________

Feurige Kartoffelspieße vom Grill

25 Minuten leicht

Zutaten

600 g kleine Frühkartoffeln | 2 rote Chilischoten | 2 Knoblauchzehen | 2 EL Olivenöl | Salz und Pfeffer

Zubereitung

1. Die Kartoffeln in der Schale ca. **10 Minuten** fast garkochen.
2. In der Zwischenzeit die Chilischoten entkernen. Den Knoblauch und Chilischoten sehr fein würfeln. Alternativ können Sie auch getrocknete Chilischoten verwenden.
3. Den Knoblauch, Chili, Salz und Pfeffer in das Olivenöl geben und die heißen Kartoffeln darin schwenken.
4. Nach dem Abkühlen auf Spieße stecken und einige Minuten von beiden Seiten auf den heißen Grill geben.

Notizen____

Tofu - Spieße

35 Minuten | Ruhezeit: 2 – 3 Stunden leicht

Zutaten

250 g Tofu | 10 EL Sojasoße | 1 ½ TL Tofu-Gewürz | 1 TL Garam-Masala Gewürzmischung | 1 TL gemahlener Ingwer | 1 TL Chili - Flocken | 150 g Kirschtomaten | Paprikapulver | Pfeffer

Zubereitung

1. Den Tofu in Würfel schneiden und in eine Schüssel mit Deckel geben.
2. Die anderen Zutaten (außer den Tomaten) dazugeben. Mit dem Paprikapulver sparsam umgehen, da er beim Grillen sonst bitter wird!
3. Den Deckel schließen und schütteln, bis alle Zutaten vermischt sind.
4. Den Tofu ca. **2 - 3 Stunden** marinieren lassen.
5. Anschließend abwechselnd mit den Tomaten auf Holzspieße aufspießen und zu guter Letzt für ca. **10 Minuten** grillen.

Notizen

Selbstgemachte Bratwurst

90 Minuten leicht

Zutaten

600 g Seitanmehl | 60 g Hefeflocken | 2 TL Knoblauchpulver | Kreuzkümmel | 8 TL Paprikapulver | Pfeffer | 6 TL Salz | 4 Prisen Zucker | 4 TL Zwiebelpulver | 12 EL Öl | 2 TL Senf | 2 EL Sojasoße | 12 EL Tomatenmark | 700 ml Wasser

Zubereitung

1. In eine Schüssel Seitanmehl, Hefeflocken, Knoblauch, Kreuzkümmel, Paprika, Salz, Pfeffer und Zwiebelpulver geben
2. In einer zweiten Schüssel Öl, Senf, Sojasoße, Tomatenmark und Wasser geben.
3. Die Zutaten in jeder Schüssel gut miteinander vermischen.
4. Die flüssigen Zutaten zu den trockenen Zutaten schütten und alles gut miteinander verkneten.
5. Nun formt man 10-12 Würste von ca. 2 cm Durchmesser. Die Würste jeweils erst in Backpapier wickeln und dann fest in Alufolie.
6. Im Ofen bei 180°C **50 Minuten** backen, anschließend den Ofen ausschalten und die Würste noch **15 Minuten** im Ofen lassen.
7. Aus dem Ofen nehmen und sofort auswickeln. Später auf dem Grill braun braten.

Notizen____

Grillsteak

40 Minuten leicht

Zutaten

Für den Kochsud

2 l Wasser | 4 Sojasteaks | 3 EL Gemüsebrühe-Pulver | 2 EL Paprikagewürz, edelsüß | etwas Salz | frisch gemahlen Pfeffer

Für die Marinade

Prise Salz | 1 EL Bratöl | Paprikagewürz, scharf | 2 EL Sojasoße | Paprikagewürz, edelsüß | Pfeffer, frisch gemahlen | Petersilie (optional) | Gewürzmischung (optional) | Sojamehl (optional) | Chilipulver (optional)

Zubereitung

Kochsud

1. 2 L Wasser mit Gemüsebrühe und eventuell weiteren Gewürzen zum Kochen bringen. Die Brühe muss überwürzt sein.
2. Die Sojasteaks darin ca. **15 Minuten** köcheln, bis sie weich sind.
3. Die Steaks anschließend mit Krepppapier gut trocknen.

Nun die Marinade

1. Die Steaks mit Gewürzen (z.B. Salz, Pfeffer, Paprika edelsüß und scharf, Zwiebel, Knoblauch, Bohnenkraut und/oder mit fertiger Gewürzmischung) bestreuen und diese einreiben.
2. Die Sojasauce darüber geben und wieder einreiben.
3. Nun genügend Bratöl darüber geben und nochmal einreiben.
4. Die Steaks wenden und von der anderen Seite genauso würzen.
5. Anschließend grillt man die Steaks für ca. **5 Minuten** pro Seite.

Grillsteak (längere Variante)

2 Tage mittel

Zutaten

Siehe Grillsteak

Zubereitung

1. In einer Schale mit großer Fläche eine Marinade anrühren aus Bratöl, etwas Sojasauce, Sojamehl und diversen Gewürzen (***sehr viel:*** Paprika edelsüß, ***viel:*** Paprika scharf, Pfeffer, Salz, Chili, Zwiebel, Knoblauch, etwas ***weniger:*** Cumin, Majoran, Oregano, Petersilie) oder fertige Gewürzmischungen (Gyros, Steak, Gulasch, Barbecue, Chili sin carne, etc.).
2. Die Steaks darin am besten ganz bedeckt mit Öl darin einlegen. Je geringer die Menge Öl, desto öfter macht es Sinn, die Marinade umzurühren und die Steaks zu wenden.
3. Je länger die Steaks darin liegen, desto besser ziehen sie durch.
4. Die Steaks nun **1-2 Tagen** ziehen lassen, dann sind sie optimal.
5. Dann wieder grillen für ca. **5 Minuten** pro Seite.

Notizen____

Steaks andere Variante

45 Minuten leicht

Zutaten

12 Soja - Steaks | 0,5 L Bier | 400 ml Pflanzenöl | 2 Zwiebel | 4 EL Senf | 2 Zehen Knoblauch | 1 Stängel Rosmarin | Prise Pfeffer | rosenscharfes Paprikapulver | edelsüßes Paprikapulver | Muskat | Zucker | Chili | eventuell Kräuter nach Wahl | n.B. Gemüsebrühe

Zubereitung

1. Die Sojasteaks **1/2 Stunde** in sehr starker Gemüsebrühe kochen. Sie können die Brühe ruhig fast doppelt so stark machen, wie auf der Verpackung angegeben ist.
2. Die Zwiebeln und den Knoblauch in kleine Stücke schneiden.

Nun zur Marinade:

1. Die übrigen Zutaten in einer Schüssel vermischen. Man sollte kein Salz benutzen, da die Gemüsebrühe bereits ausreichend gesalzen ist.
2. Wenn die Steaks fertig sind, ***(sie sind dann weich und lassen sich leicht schneiden)*** gießt man die Gemüsebrühe ab.
3. Dann ca. 250 ml von der Marinade in einen Gefrierbeutel geben und 3 noch heiße Steaks hineinlegen.
4. Den Grill anmachen und für ca. **10 Minuten** grillen.

Notizen____

Die Nachspeisen für einen gelungen Abschluss

Tofu-Obst-Spieße

35 Minuten | Ruhezeit: 2 Stunden leicht

Zutaten

300 g Tofu | 8 EL Sojasoße | 2 EL Wasser | 1 TL Ingwerpulver | 1/2 TL Curcuma | 1/2 TL Curry | rotes Obst oder Gemüse (roter Paprika, rote Zwiebeln, Kirschen, Erdbeeren usw.) | 4 Spieße

Zubereitung

1. Den Tofu in zwei Zentimeter große Würfel schneiden.
2. Aus Sojasoße, Wasser und den Gewürzen eine kräftige Marinade anrühren und die Tofuwürfel darin mindestens **2 Stunden** lang einlegen.
3. Den Tofu herausnehmen, gut abtropfen lassen und die Würfel von allen Seiten knusprig anbraten. Das kann entweder mit etwas Öl in einer Pfanne geschehen (wenn die Spieße schon vorbereitet werden sollen) oder auf dem Grill.
4. Die Tofuwürfel abwechselnd mit den roten Obst- oder Gemüsestücken auf Spieße stecken und auf dem Grill garen.

Notizen______________________________

Gegrillte Mangos mit Himbeersoße

60 Minuten | Ruhezeit: 45 Minuten leicht

Zutaten

2 EL Zucker | 1 TL Melasse | 2 EL frisch gepresster Limetten- oder Zitronensaft | 2 T frische Himbeeren (ersatzweise Erdbeeren) | 3-4 mittelgroße Mangos | Pflanzenöl für den Grillrost

Zubereitung

1. Den Zucker, Melasse und den Limettensaft in einer flachen Schüssel gut vermischen.
2. Die Hälfte der Himbeeren dazugeben und pürieren.
3. Die Mangos schälen und im Ganzen mit einer Seite in die Himbeersoße legen und diese bei Raumtemperatur für ca. **45 Minuten** darin ruhen lassen.
4. Den Grillrost mit dem Pflanzenöl einfetten und den Grill auf mittlerer Hitze heizen.
5. Die Mangos mit der marinierten Seite nach unten auf den Grill legen und die Marinade beiseite Stellen.
6. Nach **2 Minuten** die Mangos umdrehen, dann für weitere **6-8 Minuten** grillen lassen. Vom Grill entfernen und mit der Hälfte der restlichen Marinade übergießen.
7. Die restlichen Himbeeren in die verbleibende Marinade einrühren und über den Mangos verteilen. Warm servieren.

Notizen____

Ananas mit Schokoladeneis

30 Minuten | Ruhezeit: 2 Stunden mittel

Zutaten

1 kleine Ananas

---

1 Dose Kokosmilch | 1 Tafel vegane Schokolade 70-80 % Kakaoanteil | 1 Tafel vegane Schokolode -60 % Kakaoanteil | Vanillepulver | ½ T Zucker | 1 Prise Salz | 5 TL Kakaopulver | etwas Mandelmilch

Zubereitung

1. Ananas putzen, in Spalten schneiden und den harten Strunk herausschneiden.
2. Die Ananasspalten für **4-6 Minuten** unter Wenden grillen.

---

3. Beide Schokoladentafeln in kleine Stücke brechen und diese unter ständigem Rühren im Wasserbad schmelzen lassen.
4. In einer Tasse das Kakaopulver mit Mandelmilch anrühren, bis ein dünnflüssiger Brei entstanden ist.
5. Die Kakao-Masse der geschmolzenen Schokolade hinzufügen, ebenso das Vanillepulver, den Zucker, die Mandelmilch und das Salz einrühren, alles miteinander vermengen und ca. **2-3 Stunden** in den Kühlschrank stellen.
6. Alles in die Eismaschine geben und nach etwa **40-50 Minuten** genießen.

Notizen____________________

Die veganen Smoothies und Erfrischungsgetränke

Erfrischender Rote Beete-Saft

10 Minuten mittel

Zutaten

500 g Rote Beete | 350 g Möhren | 2 Äpfel | 1 EL Leinöl

Zubereitung

1. Die Rote Beete und Möhren waschen, klein schneiden und zur Seite stellen.
2. Die Äpfel vom Kerngehäuse befreien und alle Zutaten im Entsafter entsaften.
3. Das Leinöl zum Schluss zu geben.

Notizen

Ingwerwasser

5 Minuten mittel

Zutaten

20 g frischen Ingwer | 1 l Wasser

Zubereitung

1. Den Ingwer in einen Topf mit Wasser geben und aufkochen lassen.
2. Das Wasser einige Minuten abkühlen lassen.
3. Das fertige Getränk servieren und genießen.

Notizen____

Vital-Smoothie

5 Minuten mittel

Zutaten

1 TL Chia Samen | 100 g Römersalat | 50 g Kohl | 100 g Brokkoli | 1 Stange Sellerie | 100 ml Wasser | 1 Zweig Petersilie

Zubereitung

1. Den Römersalat, Kohl, Brokkoli und Sellerie waschen und trocknen und in einen Mixer geben und die restlichen Zutaten hinzufügen. Alles zu einem gleichmäßigen Smoothie pürieren.

Notizen____

Beeren –Orangen-Smoothie

5 Minuten mittel

Zutaten

450 g gemischte Beeren (TK) | 350 ml Orangensaft | 2 Orangen | 1 Banane

Zubereitung

1. Den Orangensaft, Banane und die Waldbeeren in einen Mixer geben und pürieren.
2. Den Smoothie auf 2 Gläser verteilen.

Notizen____

Frucht-Smoothie

10 Minuten mittel

Zutaten

1 Banane | 1 Mango | 1 Limette | 250 ml Orangensaft | 3 EL Kirschsaft | 1 EL Apfelsaft

Zubereitung

1. Die Früchte schälen, Limette schneiden und den Saft rauspressen.
2. Alles gemeinsam mit den Säften zusammen mixen.

Notizen______________________________

Energie-Smoothie

20 Minuten mittel

Zutaten

100 ml kalter Kaffee | 60 ml Kokosmilch | 1 Banane | 1 TL Vanilleextrakt

Zubereitung

1. Die Banane schälen und in Stücke schneiden.
2. Den kalten Kaffee mit der Kokosmilch und der Banane pürieren und anschließend das Vanilleextrakt hinzugeben.

Notizen______________________________________

Milchshake

5 Minuten mittel

Zutaten

180 ml Mandelmilch | ½ Banane | Mark einer halben Vanilleschote | 2 TL Kakaopulver | 1EL Agavendicksaft

Zubereitung

1. Die Banane schälen und klein schneiden und das Mark aus der Vanilleschote auskratzen.
2. Die Banane, Vanillemark, Mandelmilch, Kakaopulver und Agavendicksaft in einen Mixer geben und solange pürieren bis es eine cremige Masse ist.

Notizen____

Schluss

Schon nach dem Ersten Durchblättern der Rezepte sollte Ihnen das Wasser im Mund zusammenlaufen und die Vorfreude den Griller anzuheizen steigen. Die Tage bis zum Sommer sind beinahe gezählt und jetzt heißt es nur noch: Raus ins Freie, draußen sitzen und den Grill anschmeißen. Denn was wären heiße Sommertage ohne glühender Kohle und angenehm rauchiger Luft? Beim genaueren Betrachten der Rezepte merken Sie, dass für jeden etwas dabei ist. Mit diesen Rezepten sind Sie top vorbereitet für Grillpartys, Familien grill Abende, oder für die kleine grill Runde in der Mittagssonne. Entspannte Stimmung und köstliches Essen ist also vorprogrammiert für die folgenden Monate. Erfrischende Getränke dürfen dabei natürlich nicht fehlen. Unsere Rezepte serviert mit einem kühlen Bier oder einer Limonade sind die richtige Kombination um Freunde und Verwandte zu beeindrucken. Machen Sie sich selbst unverzichtbar für jede Party und genießen Sie das gute Essen!

Haftungsausschluss

Der Inhalt dieses Buches wurde mit großer Sorgfalt geprüft und erstellt. Für die Vollständigkeit, Richtigkeit und Aktualität der Inhalte kann jedoch keine Garantie oder Gewähr übernommen werden. Der Inhalt dieses Buches repräsentieren die persönliche Erfahrung und Meinung des Autors und dient nur dem Unterhaltungszweck. Der Inhalt sollte nicht mit medizinischer Hilfe verwechselt werden. Es wird keine juristische Verantwortung oder Haftung für Schäden übernommen, die durch kontraproduktive Ausübung oder durch Fehler des Lesers entstehen. Es kann auch keine Garantie für Erfolg übernommen werden. Der Autor übernimmt daher keine Verantwortung für das Nicht-Erreichen der im Buch beschriebenen Ziele.

Impressum

2. Auflage 2019

Kontakt: Michel Schubert / Ermlinghofer Str. 25 / 44263 Dortmund
Covergestaltung: Autor Pseudonym
Coverfoto: depositphotos.com

Printed in Poland
by Amazon Fulfillment
Poland Sp. z o.o., Wrocław

77725879R00045